Monnaies, Médailles

JETONS

VENTE AUX ENCHÈRES PUBLIQUES

A PARIS, HÔTEL DES COMMISSAIRES-PRISEURS, RUE DROUOT, 9

SALLE Nᵒ 8, AU PREMIER ÉTAGE

Le Mercredi 17 Avril 1912

A DEUX HEURES PRÉCISES

EXPOSITION PUBLIQUE UNE HEURE AVANT LA VENTE

COMMISSAIRE-PRISEUR :	EXPERT :
Mᵉ Emile BOUDIN	M. Etienne BOURGEY
14, Rue de la Grange-Batelière	7, rue Drouot, 7

PARIS

ADRESSE TÉLÉGR ÉTIENBOURG-PARIS

Exposition particulière

Les Lundi 15 et Mardi 16 Avril 1912, chez M. Etienne Bourgey, expert, 7, rue Drouot. (Téléphone 274-64).

Exposition publique :

Le Mercredi 17 Avril 1912, Hôtel des Ventes, Salle 8, une heure avant la vente.

La vente aura lieu au comptant.

Les acquéreurs paieront dix pour cent en sus des enchères.

L'authenticité des piéces est garantie.

M. Etienne Bourgey, 7, rue Drouot, se charge d'exécuter les commissions qui lui seront confiées.

L'ordre du catalogue sera suivi ou non. L'expert se réserve le droit de diviser ou de réunir les lots.

MONNAIES FRANÇAISES

DE LA RÉVOLUTION A NOS JOURS

1 **Louis XVI** (1). *Double louis.* LUD. XVI. etc. Tête à g. ℞. CHRS. etc.
1789. Écus couronnés de France et de Navarre (5). Bordeaux. Or. FDC.

2 *Écu de 6 livres.* 1790 (11). Limoges. *Écu de 3 livres.*
1790. (13). Paris. Arg. — Ens. 2 p. TB.

3 Autre. 1791. Paris. Arg. *Sol.* 1791. *Liard.* 1791. Cuivre.
— Ens. 3 p. TB.

4 *Écu constitutionnel.* 1792. Tête à g. ℞. Génie écrivant (60).
Paris. Arg. FDC.

5 *Petit écu.* 1792. Mêmes types (62). Paris. Arg. TB.

6 *30 sols.* 1792 (63). Limoges. *15 sols.* 1792 (65). Rouen. Arg.
— Ens. 2 p. TB.

7 *2 sols.* 1792. Paris. *Sol.* 1792. Paris. *3 deniers.* 1792. Lyon.
Cuivre. — Ens. 3 p. TB.

8 **Révolution** (2). *Monneron* au buste de Lafayette (300). Br. TB.

9 *Monneron* au buste de Jean-Jacques Rousseau (306). Br.
FDC.

10 *Dizain.* 1791 (336). Métal de cloche. TB.

11 *Monnerons de 2 sols* à la Liberté. 1791 (342 et 343). Br. —
Ens. 3 p. variées. TB.

12 *Caisse de Bonne-Foi.* 3 sols (345). 2 sols 6 deniers (346). Br.
— Ens. 2 p. TB.

---

(1) Les numéros entre parenthèses sont ceux de l'ouvrage de Hoffmann.
(2) Les numéros entre parenthèses sont ceux de l'ouvrage de Hennin.

13 *Liberté française* par les artistes réunis de Lyon. 1792 (387).
Métal de cloche. TB.

14 *Essai au Génie.* 1792 (424). — Autre de 1793 (614). Cuivre.
— Ens. 2 p. TB.

15 *Monnerons de 5 sols* à la Fédération. 1792 (341 et 342). Br.
— Ens. 2 p. TB.

16 *Monneron de 5 sols* à l'Hercule. 1792 (435). Br. Très beau.

17 *Monneron de 2 sols* à la Liberté. 1792 (436). *5 décimes* de la
Régénération. 1793 (608). Br. — Ens. 2 p. TB.

18 *Monneron de 2 sols* à l'Hercule et à la pyramide. 1792 (439).
Br. TB.

19 *Lefèvre et Lesage.* 1792. 20 sols (440). 10 sols (443). 5 sols
(444). Arg. — Ens. 3 p. B. et TB.

20 *Manufacture Potter*, rue de Crussol. 1792. 10 sols (manque
à Hennin). Arg. B.

21 Mêmes types. 7 sols (448). Arg. TB.

22 Mêmes types. 5 sols (449). Arg. TB.

23 *Caisse métallique.* 18 deniers. Emblèmes républicains (452).
Bill. TB.

24 *Essai de Brézin.* LIBRE J'OFFRE LA PAIX. La Liberté assise à g.
℞. Lég. dans le champ. 1792 (455). Br. Tranche inscrite.
TB. Rare.

25 **République.** *24 livres.* RÈGNE DE LA LOI. 1793. Génie écrivant.
℞. 24 LIVRES. A. dans une couronne. Or. TB.

26 *Six livres.* 1793. Mêmes types. Paris. Arg. TB.

27 *2 sols* aux balances. ℞. Tables des droits de l'Homme. 1793.
Rouen. Cuivre. TB.

28 *Sol* aux mêmes types. 1793. Bayonne. Cuivre. TB.

29 *Demi-sol.* Mêmes types. 1793. La Rochelle. Cuivre. TB.

30 *Essai.* RÉPUBLIᴱ FRANÇOISE. 1793 dans un grènetis. ℞. L'UNION
FAIT SA FORCE (561). Br. TB.

31 *Essai de 25 centimes.* An 3. Tête de République à g. (675)
Cuivre jaune. TB.

32 *Essai de 10 centimes.* An 3. Serpent autour d'une massue et
d'un faisceau (678). Cuivre. TB.

33 *Essai de Muller.* Nouveau métal. FORCE A LA LOI. Hercule
devant un autel (701). Métal blanc. TB.

34 *Décime.* An 4. Tête de République à g. (750). Lyon. Cuivre.
FDC.

35 *2 décimes*. An 4. *Décime*. An 4 (752). An 5 (804). *5 centimes*.
An 7. Cuivre. — Ens. 4 p. TB.

36 *5 francs*. An 7. Type d'Hercule. Paris. Arg. TB.

37 *Essai du 5 décimes*. An 8. Tête casquée à g. Paris. Métal
blanc. TB.

38 *Essai du 2 décimes*. An 8. Même type. Métal blanc. TB.

39 *Essai de Gengembre*. An 9. Tête de Lavoisier à dr. Br. TB.

40 **Guerres contre la France**. *Bamberg et Wurtzbourg*. Fran-
çois-Louis d'Erthal. Buste à dr. 1794 (653). Thaler de
contribution. TB.

41 — 1795. Armoiries. ℞. Guirlande suspendue par 2 rosaces
(706). Thaler de contribution. Arg. TB.

42 — Variété; rosaces différentes. Thaler de contribution.
Arg. TB.

43 *Fulda*. Adalbert de Harstall. 1795. Écu écartelé (710). Thaler
de contribution Arg. TB.

44 — 1796. Buste à dr. ℞. Mêmes armes (777). Thaler de
contribution. Arg. Très beau.

45 — Mêmes armes. ℞. Couronne. 1796 (780). Demi-thaler de
contribution. Arg. FDC.

46 *Wurtzbourg*. Georges-Charles de Fechenbach. 1795. Buste à
dr. ℞. Armoiries (712). Thaler de contribution. Arg.
FDC.

47 — Buste. ℞. Armoiries 1795 (716). — Armoiries. ℞. Branches.
1795 (718). 20 Kreuzer de contribution. Arg. — Ens.
2 p. TB.

48 *Eichstaedt*. Joseph de Stubenberg. 1796. Buste à dr. ℞. Armes
(774). Demi-thaler de contribution. Arg. Très beau.

49 *Mayence*. 5, 2 et 1 sol. 1793. *Luxembourg*. Sol. 1795. *Man-
toue*. Soldo. An 7. Cuivre. — Ens. 5 p. B. et TB.

50 **Républiques étrangères** (1). *Rép. piémontaise*. An VII (150).
Mezzo scudo. Arg. TB.

51 *Rép. napolitaine*. La Liberté debout à dr. (141). 12 carlins.
Arg. TB.

52 *Rép. cisalpine*. An VIII. La Cisalpine debout devant la
France assise (148). Scudo de 6 lire. Arg. FDC.

---

(1) Les numéros entre parenthèses sont ceux de Millin.

53 L'ITALIE DÉLIVRÉE A MARENGO. Tête casquée et laurée à g.
   LIBERTÉ. ÉGALITÉ. ERIDANIA. Dans une couronne : 20 FRANCS.
   L'AN 9. Or. FDC.

54 *Rép. romaine*, La Liberté debout à g. (137). Scudo. Arg. TB.

55 *Bologne*. 1796. La Vierge à mi-corps. ℞. Ecu. Scudo de 10
   paoli. Arg. Très beau.

56 *Rép. ligure*. An VII. Ecu, ℞. La Liberté et l'Egalité debout.
   1804. 8 lire. Arg. B.

57 **Consulat et Empire**. *40 francs*. An 12. Tête nue de Bonaparte à g. Paris. Or. TB.

58 *5 francs*. An 12. Même tête à dr. Paris. Arg. FDC.

59 *Deux francs*. An 12. *Franc*. An 12. *Demi*. An 12. *Quart*. An
   12. Arg. — Ens. 4 p. TB. et FDC.

60 *20 francs*. 1807. Tête nue de Napoléon à g. Paris. Or.
   Très beau.

61 *5 francs*. An 13. Même tête à dr. Limoges. Arg. TB.

62 *2 francs*. 1806. *Franc*. An 13. Arg. — Ens. 2 p. TB.

63 *Franc* dit à la tête de nègre. 1807. *Quart*. Même type. 1807.
   Arg. — Ens. 2 p. TB,

64 *20 francs*. 1810. Tête laurée à g. Paris. Or. Très **beau**.

65 *5 francs*. 1813. Même tête à dr. Toulouse. Arg. TB.

66 — 1813. Même pièce avec un poisson et un mât (Utrecht).
   Arg. B. Rare.

67 — 1813. Même pièce avec avec une proue et c. l. (Gênes).
   Arg. TB. Très rare.

68 — Autre. 1811 ; la tête de l'empereur portant une tête de
   tigre en contremarque. Lille. Arg. TB,

69 *Franc*. 1810. *Demi-franc*. 1812. *Quart*. 1809. Arg. — Ens.
   3 p. TB. et FDC.

70 *5 lire*. 1812. Tête nue à dr. ℞. Armes d'Italie. Milan. Arg.
   Très belle.

71 *Essai de 5 francs*. 1815. Tête laurée à dr. par Droz. Paris.
   Tranche lisse. Arg. FDC. Rare.

72 *2 francs*. 1815. Tête laurée à dr. Paris. Arg. TB.

73 *Barcelone*, occupation française. 20 pesetas. 1812. Ecu en
   losange cerné de lauriers. Or. Très belle.

74 — 5 pesetas. 1811. Même type. Arg. FDC.

75 — 2 1/2 pesetas. 1808. — Peseta. 1810. Arg. — 4 quartos.
   1810. Cuivre. — Ens. 3 p. B. et TB.

76 *Girone.* 1808. Douro pour Ferdinand VII. Arg. TB.

77 *Majorque.* 1808. 30 sous pour Ferdinand VII. Flan carré à
angles coupés. Arg. TB.

78 *Tarragone.* 1809. 5 pesetas pour Ferdinand VII. Arg. TB.

79 *Hambourg.* Le maréchal Davoust. 1809. 32 schillinge.
Arg. TB.

80 *Anvers.* 1814. 10 et 5 cent. à l'N. — 10 et 5 cent. à l'L. *Stras-
bourg.* 1815. Décime à l'L. Cuivre. — Ens. 5 p. TB.

81 *Joseph-Napoléon*, roi de Naples. 1807. Tête à g. ℞. Armes.
120 grana. Arg. TB.

82 *Joseph-Napoléon*, roi d'Espagne. 80 réaux. 1812. Tête diadémée à g. ℞. Armes. Madrid. Or. TB.

83 20 réaux. 1809. Buste nu à g. Madrid. Arg. Très belle.

84 8 réaux. 1809. Même type. Madrid. Arg. Très belle. Rare.

85 *Louis-Napoléon*, roi de Hollande. 1806. Ducat à l'homme
armé. Or. Très beau.

86 Tête nue à g. ℞. Armes de Hollande. 1810. Ducat. Or. Très
beau.

87 50 Stuyvers. Tête nue à dr. ℞. Armes. 1808. Arg. TB.

88 *Jérôme-Napoléon*, roi de Westphalie. 20 frank. 1808. Tête
laurée à g. Cassel. Or. TB.

89 — La même pièce de 1809. Marque monétaire J. Or. Très belle.

90 5 frank. Même tête. Cassel. Or. B.

91 Thaler. 1812. Tête laurée à dr. Cassel. Arg. TB.

92 *6ᵐᵉ de thaler.* 1813. *Douzième.* 1810. Bill. 5, 3 et 1 cent.
Cuivre. — Ens. 5 p. TB.

93 *Joachim-Napoléon*, roi de Naples. 20 lire. 1813. Tête nue
à g. Or. TB.

94 12 carlins. 1809. Tête nue à g. Arg. TB.

95 — Autre. 1810. Même tête. Arg. Très belle.

96 5 lire. 1813. Tête nue à dr. ℞. Armes. Arg. TB.

97 *Elisa et Félix*, princes de Lucques. 5 franchi. 1805. Bustes
accolés à dr. Arg. TB.

98 *Charles-Louis et Marie-Louise*, rois d'Etrurie. Ecu de Florence. 1807. Bustes accolés à dr. ℞. Armes. Arg. TB.

99 Demi-écu de Florence. 1804. Mêmes types. Arg. Très beau.
Rare.

100 Tallero de Pise. 1807. Bustes affrontés. ℞. Armes. Arg. TB.

101 *Ratisbonne.* Charles de Dalberg, primat. Demi-écu. 1809.
Buste à dr. Arg. TB.

102 *Marie-Louise,* duchesse de Parme. 40 lire. 1815. Tête diadémée à g. ℞. Armes. Or. Très belle.

103 5 lire. 1815. Mêmes types. Arg. FDC.

104 2 lire. 1815. Mêmes types. Arg. FDC.

105 Lira, 10 soldi, 5 soldi. 1815. Arg. — Ens. 3 p. FDC.

106 5 et 3 centesimi; Centesimo. 1830. Cuivre. — Ens. 3 p.
TB.

107 **Louis XVIII.** *Pièce de 20 francs.* 1815. Buste habillé à dr.
℞. Ecu de France. Lille. Or. TB.

108 *Pièce de 5 francs.* 1814. Buste habillé à g. Paris. Arg.
FDC.

109 *5 francs.* 1822. Tête à g. ℞. Même écu. Paris. Arg. Très
belle.

110 *2 francs.* 1822. Paris. *Franc.* 1816. Paris. Arg. — Ens.
2 p. FDC.

111 *Visite à la Monnaie.* 1817. Ecus du duc et de la duchesse
de Berry. — 1818. Buste de Monsieur, à g. Br. — Ens.
2 p. TB. et FDC.

112 **Charles X.** *5 francs.* 1827. Tête à g. ℞. Ecu. Lyon. Arg. TB.

113 *2 francs.* 1827. Toulouse. *Franc.* 1825. *Demi.* 1829. *Quart.*
1828. Paris. Arg. — Ens. 4 p. TB. et FDC.

114 *Visite à la Monnaie.* 1825. Le prince de Salerne et la duchesse de Berry. — 1830. Le roi et la reine des Deux-
Siciles. Br. — Ens. 2 p. TB. et FDC.

115 **Henri V.** *Essai de 5 francs.* 1831. Buste à g. en épaulettes.
℞. Ecu de France. Arg. FDC.

116 *Franc.* 1831. Mêmes types. *Demi-franc.* 1833. Tête à g.
Arg. — Ens. 2 p. TB. et FDC.

117 **Louis-Philippe.** *5 francs.* 1830. Tête nue à dr. Tranche en
creux. Paris. Arg. TB.

118 *Essai de 5 francs.* 1831. Même type. 2 plaques, avers et
revers. Cuivre argenté. FDC.

119 *Franc.* 1831. Même tête nue à dr. Toulouse. Arg. FDC.

120 *5 francs.* 1848. Tête couronnée à dr. Paris. Arg. Très belle.

121 *2 francs. Franc. 50 centimes. 25 centimes.* 1847. Paris.
Arg. — Ens. 4 p. FDC.

122 *Visite à la Monnaie de Rouen*. 1831. Même tête à dr. Module de la pièce de 5 francs. Arg. TB.

123 La même pièce. Br. *Essai du décime*. Même tête. Br. — Ens. 2 p. TB.

124 *Essai de Thonnelier*. 1833. Tête nue à dr. *Autre essai de Thonnelier*. Chili. Vaisseau. Br. — Ens. 2 p. TB.

125 **2ᵐᵉ République**. *Essai de 20 francs*. RÉPUBLIQUE FRANÇAISE. Tête à dr., le casque lauré surmonté d'un coq, signée *F. Alard*. ℞. LIBERTÉ ÉGALITÉ FRATERNITÉ. Dans une couronne de laurier et de chêne : 20 FRANCS. 1848. Sur la tranche, DIEU PROTÈGE LA FRANCE. Or. FDC. Très rare.

126 — Même lég. Tête avec casque lauré à crinière à dr., signée BOUVET. F. ℞. Même devise et valeur dans une couronne de chêne et de laurier. Même tranche. Or. FDC. Très rare.

127 — Même lég. Tête couronnée de laurier à dr., signée MARREL. F. ℞. Le précédent varié. Même tranche. Or. FDC. Très rare.

128 *Essai de 5 francs*. RÉPUBLIQUE FRANÇAISE. Tête entourée de rayons et couronnée d'enfants nus à g., signée BARRE. F. ℞. LIBERTÉ. ÉGALITÉ. FRATERNITÉ. Au centre : 5. F. 1848 dans un grènetis entouré d'une couronne de laurier et de chêne, fermée au bas par une gerbe. Sur la tranche, CONCOURS DE 1848 1ᵉʳ ACCESSIT. Arg. FDC. Très rare.

129 — Même lég. Buste de femme à g., les seins nus, signé : A. BOUCHON. F. ℞. Même devise. Dans le champ, 5 FRANCS 1848. Couronne de chêne et de laurier. Sur la tranche : DIEU PROTÈGE LA FRANCE. Arg. FDC. Très rare.

130 — Même lég. Buste à g. couronné d'épis et de pampres, signé A. BOVY. ℞. Même devise sur 3 couronnes allongées formant guirlande. Au milieu, 5 FRANCS. 1848. Même tranche. Arg. FDC. Très rare.

131 — Même lég. Tête couronnée de chêne à g., sous le cou, miroir et laurier, signée T. MALBET. ℞. Même devise sur une banderolle. 5 FRANCS. 1849 dans une couronne. Même tranche. Arg. FDC. Très rare.

132 — Même lég. Tête de Cérès à g.; derrière, niveau et mains jointes, signée E. A OUDINÉ. F. ℞. Même devise. 5 FRANCS. 1848 dans une couronne de chêne. Même tranche. Arg. FDC. Très rare.

133 — Même lég. Tête de femme couronnée de laurier, de
chêne et d'épis à g., signée TOURNIER. ℞. Même lég., date
et valeur dans une couronne de chêne et de laurier.
Même tranche. Arg. FDC. Très rare.

134 *Essai de 10 centimes en piéfort.* Tête diadémée à g.; sous
le cou, niveau et branche de laurier (Magniadas). Sur la
tranche : + CONCOURS MONÉTAIRE PIÉFORT. Cuivre. FDC.

135 — Tête laurée et diadémée à g., signée E. ROGAT. Même
tranche. Cuivre. TB.

136 *Essais de 10 centimes* de Domard, Farochon, Gayrard,
Magniadas et Rogat. Cuivre. — Ens. 5 p. FDC.

137 *Essais de la Banque du Peuple.* 1848. 5, 2, 1 et demi-franc.
Décime, demi, cinquième et dixième. Cuivre. — Ens.
8 p. TB. et FDC.

138 *20 francs.* 1851. Tête de Cérès à dr. Paris. Or. FDC.

139 *5 francs.* 1848. Type à l'Hercule. Paris. Arg. FDC.

140 — La même pièce. 1849. Paris. Arg. FDC.

141 1849. Type de Cérès. Paris. Arg. Très belle.

142 — La même pièce. 1850. Paris. Arg. FDC.

143 — La même pièce. 1851. Paris. Arg. Très belle.

144 1852. Tête de Louis Napoléon à g. Paris. Arg. FDC.

145 *2 francs.* 1852. Même tête. **Empire.** *50 cent.* 1854. *20 cent.*
1855. Paris. Arg. — Ens. 3 p. FDC.

146 **Napoléon III.** *5 francs.* 1854. Tête nue à dr. Tr. lisse. Paris.
Or. FDC.

147 *Visite à Lille.* 1853. Module du 10 et du 5 centimes. Tête
nue à g. Arg. — Ens. 2 p. FDC.

148 *5 francs.* 1870. Tête laurée à g. ℞. Armes. Paris. Arg. TB.

149 *Essai de 5 francs* par VEYRAT. 1870. Tête laurée à g.
℞. Armes. Tranche cannelée. Arg. TB. Rare.

150 **3ᵐᵉ République.** *5 francs.* 1871. Type à l'Hercule. (Frappé
par la Commune). Arg. Très belle.

151 — 1878. Même type. Paris. Arg. Très belle et très rare.
(Vente Dewamin, N° 1211 *bis*, 160 fr.).

152 *Essai de 10 francs.* 1899. Tête à dr. ℞. Coq à g. Piéfort de
poids double. Tranche lisse. Or. TB. Très rare.

MÉDAILLES ET JETONS

JETONS LYONNAIS

153 **Série municipale.** *De Liergues*, prévôt des marchands. Son
écu. ℞. Les 4 écus des échevins Chappuis, Blauf, Chausse
et Dalichous. Cuivre. TB.

154 *Hugues de Pomey*, prévôt. 1661. Son écu. ℞. Écus des
échevins Michel, Ferrus, Ponsaimpierre et Thome.
Cuivre. B.

155 *Gaspard Charrier*, prévôt, 1665. Son écu. ℞. Vaisseau à
dr. Cuivre. B.

156 *Mascranny de la Verrière*, prévôt. Son écu. ℞. 1667. Main
céleste protégeant un lion. Cuivre. TB.

157 *Cachet de Montesan*, échevin. Son écu. ℞. 1670. Horloge
sur une table. Cuivre argenté. TB.

158 *Jean Charrier*, prévôt. Son écu. ℞. 1672. Pont à 5 arches.
Cuivre. TB.

159 *Dulieu*, prévôt. Son écu. ℞. TVTA. LOCI. INGENIO. LVGDVNVM.
1692. Vue de Lyon. Cuivre. TB. Rare.

160 Même droit. ℞. FIDES. OBSEQVENS. 1692. La France assise et
Lyon debout. Cuivre. TB.

161 Même droit. ℞. Lég. et armes de l'échevin Mathieu
Aumaistre. Cuivre. TB.

162 *Jean Vaginay*, prévôt. Son écu. ℞. 1701. Écus des échevins
Perrichon, de La Roue, Cropet et Sabot. Cuivre. TB.

163 *Cachet de Montesan*, 2ᵉ prévôté, 1707. Son écu. ℞. Écus
des échevins Dervieu, Bourgelat, Trolliet et Aussel.
Cuivre. TB.

164 *Lonis Ravat*, 3ᵉ prévôté. 1713. Son écu tenu par 2 cygnes.
℞. Armes de Lyon entre le Rhône et la Saône debout.
Arg. TB.

165 *Les 4 échevins*. Ecus d'Albanel, Renaud, Goiffon et Peysson,
1717. ℞. Le précédent. Arg. TB. Rare.

166 *Raymond Estienne,* échevin. Son écu. (Sans date, mais de 1721). ℞ Le précédent. Arg. TB. Très rare.

167 *Joseph Reverony,* échevin. Son écu (S. d.; de 1723). ℞. Le Rhône et la Saône assis; au-dessus, cartouche aux armes de Lyon. Arg. TB. Très rare.

168 *Le Président Dugas,* et les 4 échevins, 1725. — 3me prévôté et les 4 échevins, 1729. *Perrichon* et les 4 échevins, 1731. Cuivre. — Ens. 3 p. TB.

169 *Jean C. Blanchet,* échevin. Son écu (S. d.; de 1731). ℞. Armes de Lyon entre les fleuves debout. Arg. TB. Rare.

170 *Perrichon,* 2ᵉ prévôté. 1733 et les 4 échevins. — 3ᵉ prévôté. 1735. — 4ᵉ prévôté. 1737 et les 4 échevins. Cuivre. — Ens. 3 p. TB.

171 *Claret de la Tourrette.* 1741 et les 4 échevins. *Riverieulx de Varax.* 1745 et les 4 échevins. — 2ᵉ prévôté. 1749 et et les 4 échevins. Cuivre. — Ens. 3 p. TB.

172 *Dugas,* prévòt. 1751. *Flachat,* prévòt, 1753. — 2ᵉ prévôté. 1755. Cuivre. — Ens. 3 p. TB.

173 *Claude Servan,* échevin. 1765. Son écu. ℞. Armes de Lyon entre le Rhône assis et la Saône couchée. Arg. TB. Rare.

174 Variété, les ornements de l'écu de Lyon différents. **Arg.** TB. Rare.

175 *André Rambaud l'ainé,* échevin. 1769. Son écu. ℞. Le précédent. Arg. TB.

176 *Jean-Antoine Roux l'ainé,* échevin. 1769. Son écu. ℞. Le précédent. Arg. TB. Très rare.

177 *Jean-Antoine Chirat,* échevin. 1771. Son écu. ℞. Le précédent. Arg. TB.

178 *Prost de Royer,* échevin. 1773. Son écu. ℞. Le précédent. Arg. TB. Rare.

179 *Antoine-Henri Jordan l'ainé,* échevin. 1780. Son écu. ℞. Le précédent. Arg. TB. Très rare.

180 *Porte de la Pradelle.* Sans lég. Ecu à ses armes tenu par 2 lions. ℞. Le précédent. Arg. TB. Rare.

181 **Trésoriers généraux.** *Pierre Nicolau* (1757-1760). Sans lég. Son écu sur un cartouche. ℞. Le précédent. Arg. TB.

182 *Alex. Ant. Regny.* 1785. Son écu enguirlandé. ℞. Le précédent. Arg. TB. Très rare.

183 **Sociétés**. *Archers*. ACADEM. SAGITTAR. LVGDVD. Emblèmes du
tir à l'arc. ℞. DEXTERITATI. DEBITA. MERCES. La Renommée
au-dessus d'emblèmes. Arg. TB. Rare.

184 DARE. VVLNERA. POSSVMVS. HOSTI. — ACAD. LVGD. SAGIT. Apollon
vainqueur du dragon. ℞. Armes de Lyon entre les 2 fleuves
debout. Arg. TB. Rare.

185 *Arquebusiers de Lyon*. ET JOCIS ET BELLO. 1741. Lance et
arquebuses en sautoir. ℞. Ecu de Lyon entre le Rhône
assis et la Saône couchée. Arg. TB.

186 Variété. Les ornements de l'écu différents. Arg. TB.

187 Même droit. ℞. VICTORI. PRAEMIA. PONIT. Ecu de Lyon entre
les 2 fleuves debout. Arg. TB.

188 Même droit. ℞. Sans lég. Médaillon de Louis XV au-dessus
de l'écu de Lyon sur un cartouche. Arg. TB.

189 *Arquebusiers de Villeneuve de Lyon*. Armoiries. ℞. SCOPUS
OMNIBUS UNUS. 1770. Arquebuses en sautoir sur une cible.
Arg. TB. Rare.

190 **Commerce**. *Chambre de Commerce*. Ecu au-dessus des
fleuves assis. ℞. Soleil au-dessus d'un globe. Arg. TB.

191 *Les 10 conseillers*. Même droit. ℞. Semeur entre les 3 fleuves.
Arg. TB.

192 *Liberté du commerce*. Tête de Louis XV à dr. ℞. DEPULSA
MOLE RESURGET. 1760. Mercure retirant une femme de son
tombeau. Arg. TB.

193 *Drapiers*. 1755. Armes de Lyon entre les 2 fleuves assis.
℞. DITAT VESTIT ET ORNAT. 1755. La Toison d'or entre le
navire Argo et le dragon. Arg. TB.

194 *Fécandiers*. Ecu de Lyon sur un cartouche. ℞. ÆTERNUM
DIGNA COLI. 1745. Minerve enseignant 2 génies. Arg. TB.
Rare.

195 *Libraires et Imprimeurs*. Armes accolées, posées sur
2 sphinx. ℞. SERVANDIS ARTIBUS UNA. Minerve devant une
presse dans une bibliothèque. Arg. TB.

MÉDAILLES ET JETONS DE 1789 A NOS JOURS

196 **Révolution** (1). *Fêtes de la Fédération*. La France prêtant serment à la Constitution. ℞. confédération des français dans une couronne civique (XXIII. 3). Inscription en creux sur la tranche. Arg. 41%. TB.

197 *Huissiers de l'Assemblée nationale*. huissier d'honneur a l'assemblée nationale. Faisceau sur une muraille. ℞. Même type répété. (Voyez XIV. 5). Pièce de 2 côtés en fer, réunis par un cercle en cuivre avec bélière. 54%. Très belle.

198 *Administrateurs de département*. respect a la loi entre 2 branches de chêne. ℞. Même type répété (XXXVI. 1 var.). Ovale à bélière. Cuivre doré. 53/43%. TB.

199 *Les Adieux du Temple*. 1793. Bustes accolés du roi et de la reine à dr. ℞. La scène des adieux (XL. 4). Br. 47%. TB.

200 *Mort du roi*. Tête de Louis XVI à dr. ℞. La France assise à g., pleurant sur une urne (XLI. 6). Arg. 46%. TB.

201 Même tête variée. ℞. La Ville de Paris éplorée, assise à dr. (XLI. 8). Arg. 34%. TB.

202 *Mort de la reine*. Buste de Marie-Antoinette à g. ℞. Arrivée de la charrette sur la place de la Révolution (XLV. 6). Br. 47%. TB.

203 Tête diadémée à g. ℞. weh! etc. Femme appuyée sur une urne (XLV. 9). Arg. 35%. TB.

204 *Mort de Bailly*. Buste à dr. ℞. Lég. en 12 lignes (XLVII. 3). Br. 42%. TB.

205 *Huissiers et exécuteurs de jugements*. loix, justice, union, force d'un peuple libre. Épée et bonnet sur un livre soutenu par 2 faisceaux. ℞. actions. de la loi. (L. 3). Ovale à bélière. C. doré. 38/32%. TB.

206 *Administrateurs*. La Liberté debout. ℞. respect a la loi (LI. 7). Ovale avec bélière. C. doré. 52/43%. TB.

---

(1) Les numéros entre parenthèses sont ceux du *Trésor de Numismatique. Révolution française*.

207 *J.-J. Rousseau.* Buste à dr. ℞. Lég. en 5 lignes : TRANSLA-
TION DE L'HOMME DE LA NATURE ET DE LA VÉRITÉ AU PANTHÉON.
Ovale. Cuivre. 39/33 ‰. TB.

208 *Fête à l'Etre Suprême* (1794). Vue de la montagne élevée
au Champ-de-Mars ; au bas, la procession (LII. 6). Cliché
uniface. Étain. 77 ‰. TB. Rare.

209 *Fin de la Terreur.* HOMMAGE. etc. Femme assise à terre près
d'une pyramide. ℞. Lég. en 14 lignes (LVI. 1). Méd. de
2 plaques, cuivre et fer, par Palloy, 55 ‰. TB.

210 *Conseil des Cinq-Cents.* CONSEIL DES CINQ-CENTS en 3 lignes ;
au-dessus, RÉP. FR.; dessous, un niveau. ℞. REPRÉSENTANT
DU PEUPLE ; au-dessus, ANT^{NE}. JOS. ALRICY. (LVII. 2). Arg.
41 ‰. et bélière. TB. Rare.

211 *Médaille-décoration autrichienne.* 1797. Tête laurée de
François II à dr. (Hennin. 839). Arg. 39 ‰. et bélière. TB.

212 *Conseil des Cinq-Cents.* Faisceau et emblèmes. ℞. Table
et niveau entourés d'un serpent (LXVIII. 3). C. doré.
5o ‰. TB.

213 *S^{té} d'Agriculture et du Commerce de la Marne.* An VI.
UTILITÉ PUBLIQUE dans une couronne (LXX. 3). Jeton.
Arg. TB.

214 *Conseil des Anciens.* Faisceau et emblèmes. ℞. Table et
niveau entourés d'un serpent (LXXI. 4). Ovale. Br.
56/46 ‰. TB.

215 *Gens de service du Corps législatif.* La République debout;
au bas, AN VIII. ℞. LIBERTÉ. ÉGALITÉ. Dans le champ, CORPS
LÉGISLATIF (LXXVI. 1). Pièce à 8 pans. Cuivre. 48/38 et
bélière. TB.

216 *Reconstruction de Lyon.* Buste de Bonaparte à g. ℞. LE
X MESS^R AN VIII BONAPARTE A POSÉ LA I^{ERE} PIERRE DE LA
GRANDE PLACE DE LYON DÉTRUITE EN L'AN III. (LXXVIII. 3).
C. doré. 43 ‰. TB.

217 *Colonne départementale de la Seine.* Bustes accolés des
trois consuls à dr. ℞. Lég. en 9 lignes (LXXVIII. 9). Br.
59 ‰. TB.

218 *L'archiduc Charles.* Buste casqué à dr. ℞. VIRTVTE. BELLICA.
SAPIENTIA. CIVICA. PAX. REDVCTA. MDCCCI. Colombe et écu de
Bohême entouré d'armes dans une campagne (LXXXIV.
4). Arg. 42 ‰. TB.

219 *Paix d'Amiens.* 1802. Tête de Bonaparte à g. ℞. LE RETOUR
D'ASTRÉE. La Justice descendant sur la terre. Tranche
inscrite (LXXXIX. 10). Br. 39$\frac{m}{m}$. TB.

220 *Promulgation du traité d'Amiens.* Bustes des trois Consuls
à dr.; celui de Bonaparte en haut. ℞. Dans le champ :
PAIX INTÉRIEURE. PAIX EXTÉRIEURE (XC. 9). Br. 67$\frac{m}{m}$. TB.

221 *Canal d'Arles.* Buste de Bonaparte à g. ℞. EN OUVRANT LE
CANAL D'ARLES. etc. Lég. en 12 lignes (XCI. 9), Br. argenté
43$\frac{m}{m}$. TB.

222 *Chambre de Commerce de Bordeaux.* La Ville assise à g.,
tenant un globe (XCVI. 8). Octog. Jeton. Arg. TB.

223 *Ascension d'un aérostat à Berlin.* 1803. Bustes accolés de
Garnerin et de sa femme à g. ℞. Mercure précédant un
ballon. Arg. 36$\frac{m}{m}$. TB.

224 **Empire.** (1). *Couronnement.* Tête laurée à dr. ℞. LE SÉNAT
ET LE PEUPLE. AN XIII. Sénateur et soldat élevant l'empereur sur le pavois (III. 2). Arg. 32$\frac{m}{m}$. TB.

225 *Fêtes du couronnement.* Têtes accolées à dr. ℞. FIXA PEREN-
NIS IN ALTO SEDES. Aigle; au bas, AN XIII (IV. 9). Arg.
34$\frac{m}{m}$. TB.

226 *Épreuve d'Andrieu* (1805). NAPOLÉON EMPEREUR. Tête laurée
à g.; sur la tranche du cou, ANDRIEU F. Sans revers (VII.
12). Étain. 67$\frac{m}{m}$. TB.

227 *Allocution à l'armée.* 1805. Harangue sur le pont du Lech
(VIII. 15). Br. 40$\frac{m}{m}$. TB.

228 *Drapeaux repris à Inspruck.* 1805. L'empereur debout
(IX. 6). Br. 40$\frac{m}{n}$. TB.

229 *École de médecine.* Esculape et Télesphore debout (XI. 5).
Br. 40$\frac{m}{m}$. TB.

230 *Notaires de Lyon.* 1805. Armes de l'Empire. ℞. Gnomon
(XI. 7). Arg. TB

231 — 1812. Armes royales. ℞. Gnomon. Jeton. Arg. TB.

232 *Colonne de la Grande Armée.* 1805. La colonne de la place
Vendôme (XI. 13). Br. 40$\frac{m}{m}$. TB.

233 *S^{te} des Amis du Commerce et des Arts de Lyon.* 1805.
Tête de Minerve à g. (XII. 11). Jeton. Arg. TB.

---

(1) Les numéros entre parenthèses sont ceux du *Trésor de Numismatique.
Empire Français.*

234 *Médaille de mariage*. Deux Amours tressant une couronne.
℞. Couronne de myrte (Voy. XXII. 3). Arg. 40$\frac{m}{m}$. TB.

235 *Chambre de Commerce de Bordeaux*. 1807. Tête laurée à
dr. ℞. Femme couchée à g. (XXIII. 11). Octog. Jeton.
Arg. TB.

236 *Le Cardinal de Belloy*, archevêque de Paris. Buste à g.
(XXV. 11). Cliché C. doré. 50$\frac{m}{m}$. TB.

237 *Corps législatif*. Tête de Minerve à g. ℞. CORPS LÉGISLATIF.
— SESSION DE L'AN 1809. Dans le champ, N° 28 (XXXIV.
5). Br. 38$\frac{m}{m}$. et bélière. TB.

238 *Chambre de Commerce d'Anvers*. 1809. Buste lauré à dr.
℞. L'Escaut étendu à dr. (XXXVI. 6). Jeton. Arg. TB.•

239 *Messageries impériales*. 1809. FIDES VELOX. Mercure à dr.
sur un char ailé (XXXVI. 8). Octog. Jeton. Arg. TB.

240 *Royaume de Hollande. S^{té}. d'utilité publique*. 1809 (Nahuys,
XI. 78). Arg. 34$\frac{m}{m}$. TB.

241 *Mariage de Napoléon et Marie-Louise*. 1810. Têtes accolées à dr. ℞. Les époux devant un autel (XXXIX. 2). Br.
40$\frac{m}{m}$. TB.

242 *A la mémoire du duc de Montebello*. 1810. Tête laurée à g.
℞. Lég. en 20 lignes (XL. 7). Br. 68$\frac{m}{m}$. TB.

243 *Statue de Desaix*, place des Victoires. 1810. (XL. 8). Br.
40$\frac{m}{m}$. TB.

244 *Avoués de Versailles* (LI. 13). Octog. Jeton. Arg. TB.

245 *Passage des Pyrénées*. 1813. Tête de Wellington à dr.
℞. Lion contre un aigle. Br. 40$\frac{m}{m}$. TB.

246 *Bataille de Toulouse*. 1814. Tête casquée à g. ℞. Wellington
debout (LXI. 4). Br. 40$\frac{m}{m}$. TB.

247 *Le Repos d'Hercule*. Même tête. ℞. Hercule debout.
Br. 40$\frac{m}{m}$. TB.

248 *Rentrée des Anglais dans le Hanovre*. 1804. Buste du duc
de Cambridge de face. ℞. Femme nourrissant 2 chevaux
(LXIII. 8). Br. 40$\frac{m}{m}$. TB.

249 *Aux braves armées françaises*, par Droz. 1819. Hercule
assommant les Géants. ℞. Lég. en 10 lignes dans une
couronne. Br. 55$\frac{m}{m}$. TB.

250 *Napoléon sur la colonne*. 1833. (LXIX. 3, 9 et 14). Br. —
Ens. 3 p. TB.

251 *L'Arc de triomphe*, 1836. Tête laurée de Napoléon à dr.
R̸. L'Arc de l'Etoile. Arg. 52‰. TB.

252 *Protestation contre l'Angleterre* (1815). Buste à **g.** avec le
petit chapeau, signé ROGAT. 1840. R̸. Le texte de la protestation en 29 lignes. Br. 51‰. TB.

253 **Louis XVIII.** *Le retour.* 1814. Buste nu à dr. R̸. IL PORTE LA
PAIX DU MONDE. La France accueillant un navire. Arg.
40‰. Inscription en creux sur la tranche. TB.

254 *Arrivée à Paris.* 1814. Buste à dr. R̸. La ville recevant le
roi sur le Pont-Neuf. Br. 68‰. TB.

255 *Monument aux mânes des Lyonnais.* 1814. Tête de Monsieur à g. Br. 50‰. TB.

256 *Notaires de Bordeaux.* 1814. Buste du roi à g. R̸. La Loi
assise à g. Octog. Jeton. Arg. TB.

257 *Traité de Commerce Franco-Américain.* Tête à dr. R̸. La
France et l'Amérique debout. Br. 50‰. TB.

258 *Chambre de Commerce de Dieppe.* Tête à dr. Octog. Jeton.
Arg. TB.

259 *Notaires d'Amiens.* Armes royales. R̸. 1816. La Justice
assise à dr. Jeton. Arg. TB.

260 *Notaires de Pontoise.* Mêmes armes. R̸. 1816. Balance.
Octog. Jeton. Arg. TB.

261 *Mort du duc de Berry.* 1820. Son buste à g. R̸. Buste de
Henri IV à dr. Br. 56‰. TB.

262 Buste du duc à g. R̸. Buste de sa veuve. Br. 41‰. — Génie
pleurant sur une urne. Br. 50‰. — Monument érigé à
Lille en 1822. Br. 50‰. — Ens. 3 p. TB.

263 *Naissance du duc de Bordeaux.* 1820. Bustes affrontés du
duc et de la duchesse de Berry. R̸. La France présentant
l'enfant à Minerve et à Esculape. Arg. 28‰. TB.

264 Bustes accolés à dr. R̸. La Ville de Paris présentant l'enfant à la France assise à g. Br. 67‰. TB.

265 Buste de la duchesse de Berry à g. R̸. La France élevant
l'enfant et foulant un dragon. Arg. 22‰. TB.

266 Autres légendes. Mêmes buste et revers. Br. 50‰. TB.

267 Le roi debout à g. à côté de la duchesse qui présente l'enfant à un sénateur, à un garde du corps et à un grena-
dier. Br. 67‰. TB.

268 La duchesse élevant l'enfant. Br. 50%. — Buste du duc de
Bordeaux dans une couronne de lis. Etain. 52ᵐₘ. — Ens.
2 p. TB.

269 Petites médailles relatives à la naissance. Arg. — Ens. 4 p.
TB.

270 L'Archange Michel. — La Religion. — L'enfant étouffant
2 dragons. Br. — Ens. 3 p. TB.

271 *Baptême du duc de Bordeaux.* 1821. Tête de Louis XVIII à
dr. ℞. La France tenant l'enfant que baptise la Religion.
Br. 68%. TB.

272 *Le pont de Bordeaux.* Même droit. ℞. Lég. d'inauguration
en 14 lignes. Br. 68%. TB.

273 *Campagne d'Espagne.* 1823. La France protégeant l'Espagne. Br. 50%. — Tête du duc d'Angoulême à g. ℞. Char
triomphal. Br. 37%. — Ens. 2 p. TB.

274 Tête laurée du duc d'Angoulême à g. ℞. A LA GLOIRE DE
L'ARMÉE FRANÇAISE. 1823 dans une couronne de laurier.
Boite br., renfermant le dépliant du Précis de la Cam-
pagne d'Espagne. TB.

275 *La duchesse d'Angoulême.* MARIE THER. CHAR. DUCHESSE D'AN-
GOULÊME. Buste diadémé à dr.; dessous, 1816. Cliché Br.
doré. 51%. TB.

276 *Notaires de Troyes.* 1823. Mains jointes. ℞. Table de la Loi
et balance. Jeton. Octog. Arg. TB.

277 *Prix de vaccine.* Tête de Louis XVIII à dr. ℞. Esculape et
Vénus. Sur la tranche : Mᴿ GRAND-CLÉMENT. OFFICIER DE
SANTÉ A MOLINGES. 1823. Arg. 41%. TB.

278 *Chambre des Pairs.* Buste à dr. ℞. CHAMBRE DES PAIRS dans
une couronne. Arg. 40%. TB.

279 *Chambre des députés.* Tête à dr. ℞. CHAMBRE DES DÉPUTÉS —
1824 dans une couronne. Arg. 40%. TB.

280 Même droit. ℞. SERVICE DE LA CHAMBRE DES DÉPUTÉS dans le
champ. Br. 40%. et anneau. TB.

281 *Huissiers de Meaux.* 1824. Tête à dr. Octog. Jeton.
Arg. TB.

282 *Notaires de Tours.* Armes royales. ℞. Code ouvert. Jeton.
Arg. TB.

283 Mêmes armes. ℞. Foi, balance et code dans une couronne.
Octog. Jeton. Arg. TB.

284 **Charles X**. *Visite aux Invalides*. 1824. Buste en uniforme à g. ℞. Buste lauré de Louis XIV à dr. Br. 38%. TB.

285 *Le Sacre*. 1825. Tête à g. ℞. Le roi agenouillé devant l'archevêque. Br. 67%. TB.

286 *Prix de vaccine*. Même droit. ℞. Celui du n° 277. Même tranche inscrite avec 1825. Arg. 41%. TB.

287 *Adoption des enfants du général Foy* (1825). La scène du cimetière. Cliché cuivre. 70%. TB.

288 *Canal d'Aire à la Bassée*. 1825. Ancre. Octog. Jeton. Arg. TB.

289 *Chambre de Commerce de Clermont-Ferrand*. 1826. Tête à dr. ℞. L'Abondance debout à g. Octog. Jeton. Arg. TB.

290 *Chambre de Commerce de Lille*. Même tête. ℞. Autel au bord de la mer. Octog. Jeton. Arg. TB.

291 *Houillères et fonderies de l'Aveyron*. 1826. Matériel d'exploitation. ℞. Haut-fourneau. Octog. Jeton. Arg. TB.

292 *Chambre des députés*. Tête nue à dr. ℞. CHAMBRE DES DÉPUTÉS; dessous, DURAND D'ELECOURT DÉPUTÉ DU NORD en creux, 1827. Arg. 41%. TB.

293 *Visite du roi à Arras*. 1827. Tête à g. Arg. 35%. TB.

294 *Visite à la monnaie de Troyes*. 1827. Même tête. ℞. Armes de Troyes. Arg. 41%. TB.

295 *Voyage dans l'Est*. 1828. Tête à dr. ℞. Le roi à cheval à dr. Br. 50%. TB.

296 Industrie de la Moselle. — Visite à Mulhouse. Br. — Ens. 2 p. TB.

297 *Musée Fabre*. 1828. Tête de Minerve à dr. ℞. Armes de Montpellier. Br. 68%. TB.

298 *Reconstruction de la salle des séances de la Chambre*. 1829. Tête à g. ℞. Façade du palais Bourbon. Arg. 50%. TB.

299 *Notaires de Nevers*. 1829. La Justice marchant à dr. Octog. Jeton. Arg. TB. Rare.

300 *Notaires d'Orléans*. Tête à dr. ℞. Harpocrate accoudé à un cippe. Octog. Jeton. Arg. TB. Très rare.

301 *Notaires de Paris*. Même tête. ℞. Gnomon. Octog. Jeton. Arg. TB.

302 **Henri V**. *Je veux être Henri quatre second*. Buste à dr. en uniforme de hussard. ℞. Buste de Henri IV à dr. Br. 45%. TB.

3o3 *Henri de France.* 1842. Tête à dr. ℟. Couronne. Champ
　　lisse. Br. 36‰. 2 p. TB.

3o4 IL NOUS SERA RENDU. Même tête dans un médaillon. ℟. Croix
　　pastorale chargée d'un lis. Br. 37‰. TB.

3o5 Buste à g. 1848. ℟. Armes de France. Etain. 36‰. — Hon-
　　neur à H. de la Rochejacquelein. 1850. Etain 70‰. —
　　Ens. 2 p. TB.

3o6 LA PAROLE. etc. Buste de face. ℟. Trois lis. — Même droit.
　　℟. LES LÉGITIMISTES DU NORD. etc. — Tête à dr. ℟. Armes.
　　Br. — Ens. 3 p. TB.

3o7 **Louis-Philippe.** *Avènement.* 1830. Tête à dr. ℟. Le roi et
　　Minerve debout. Br. 75‰. TB.

3o8 *Avoués de 1ᵉ Instance.* 1830. Tête couronnée de chêne à dr.
　　Octog. Jeton. Arg. TB.

3o9 *Notaires d'Angers.* 1830. Balance et Table. Jeton. Arg. TB.

31o *Caisse d'épargne de Toulouse.* 1830. Agriculteur présentant
　　une gerbe. Octog. Arg. TB.

311 *Cⁱᵉ des bateaux à vapeur du Rhône.* 1830. Bateau à vapeur.
　　Octog. Jeton. Arg. TB.

312 *Chambre des Députés.* 1831. Tête nue à g. ℟. CHAMBRE DES
　　DÉPUTÉS. CHARLES PLAZANET (CORRÈZE) dans une couronne.
　　Arg. 41‰. TB.

313 *Agents de change de Paris.* 1832. Tête nue à g. ℟. Femme
　　assise à g. devant la Bourse. Sur le siège : mains, miroir
　　et œil en creux. Octog. Jeton. Arg. TB.

314 *Chambre de Commerce de Bayonne.* Même tête. ℟. Vais-
　　seau. Octog. Jeton. Arg. TB.

315 *Chambre de Commerce de Montpellier.* Même tête à dr.
　　℟. Caducée. Octog. Jeton. Arg. TB.

316 *Chambre de Commerce d'Orléans.* 1832. Même tête à g.
　　Octog. Jeton. Arg. TB.

317 *Stᵉ linnéenne de Lyon.* 1832. Buste de Linné à dr. Jeton.
　　Arg. TB.

318 *Notaires de Beauvais.* 1832. Armes à la Charte. Octog.
　　Jeton. Arg. TB.

319 *Notaires de Bordeaux.* Tête nue à g. ℟. La Justice. Octog.
　　Jeton. Arg. TB.

32o *Notaires de Meaux.* Même tête. ℟. Gnomon. Octog. Jeton.
　　Arg. TB.

321 *Notaires de Melun.* Même tête. Octog. Jeton. Arg. TB.

322 *Notaires de Paris.* Même tête à dr. Octog. Jeton. Arg. TB.

323 *Notaires de Trévoux.* 1832. Plumes en sautoir sur un code.
  Octog. Jeton. Arg. TB.

324 *Sté du parterre de Dourdan.* Octog. Jeton. Arg. TB.

325 *La famille royale visite la monnaie.* 1833. Têtes affrontées
  du roi et de la reine en médaillons. ℞. Quatre médaillons
  des princes. Br. 75 ᵐ⁄ₘ. TB.

326 *Barreau de Paris.* La Loi debout à g. ℞. CONSEIL DE
  L'ORDRE. Mᴱ MOLLOT ÉLECTION DE 1833 sur un cartouche.
  Arg. 41 ᵐ⁄ₘ. TB.

327 *Rouget de Lisle.* 1833. Sa tête à dr. ℞. Musique et paroles
  de la Marseillaise. Br. 51 ᵐ⁄ₘ. TB.

328 *Notaires de Doullens.* 1833. Balance et Table de la Loi
  entourées d'emblèmes. Octog. Jeton. Arg. TB.

329 *Chambre de Commerce de Bordeaux.* 1834. Tête nue à g.
  ℞. Boussole sur un navire. Octog. Jeton. Arg. TB.

330 *Notaires de Dreux.* 1834. Balance et Table. Octog. Jeton.
  Arg. TB.

331 *Caisse d'épargne de Cambrai.* 1834. Ecu sur un aigle.
  Jeton. Arg. TB.

332 *Chambre des Députés.* 1835. Tête du roi à dr. ℞. Type ordi-
  naire, avec *Garcias* (PYRÉNÉES-ORᵀᴬᴸᴱˢ) en creux. Arg.
  41 ᵐ⁄ₘ. TB.

333 *Notaires de Cosne.* 1835. Gnomon. Octog. Jeton. Arg. TB.

334 *Notaires de La Rochelle.* 1835. Balance et Table. Jeton.
  Arg. TB.

335 *Caisse d'épargne de Baccarat.* 1835. Octog. Jeton. Arg. TB.

336 *Sté des Antiquaires de Picardie.* 1836. Jeton. Arg. TB.

337 *Sté agricole de la Basse-Camargue.* 1836. Octog. Jeton.
  Arg. TB.

338 *Pont d'Avignon sur la Durance.* 1837. Mains jointes. **Octog.**
  Jeton. Arg. TB.

339 *Notaires de Vienne.* 1837. Monument dit de Ponce-Pilate.
  Octog. Jeton. Arg. TB.

340 Même pièce d'un autre coin. Octog. Arg. TB.

341 *Chemin de fer de Paris à la mer.* 1838. Même droit. ℞. **Lég.**
  en 12 lignes. Br. 67 ᵐ⁄ₘ. TB.

342 *Hôtel des Archives.* 1838. Même tête à g. ℞. Lég. en 13 lignes. Arg. 51⅚. TB.

343 *Conseil municipal de Lyon.* 1838. Ecu de la ville. Jeton.
Arg. TB.

344 *Notaires d'Auxerre.* 1838. Table de la Loi, lampe antique,
miroir, etc. Octog. Jeton. Arg. TB.

345 *Cⁱᵉ d'éclairage au gaz.* 1838. Armes de Châlon-sur-Saône.
Octog. Jeton. Arg. TB.

346 — 1840. Armes de Toulon, Nîmes et Marseille. Octog.
Jeton. Arg. TB.

347 *Notaires des départements.* 1840. Tête nue du Premier Con-
sul à dr. Jeton. Arg. TB.

348 *Académie de Reims.* 1841. Octog. Jeton. Arg. TB.

349 *Mort du duc d'Orléans.* 1842. Sa tête à dr. *Distribution des
drapeaux.* 1830. *Prise de la citadelle d'Anvers.* 1832. Br.
— Ens. 3 p. TB.

350 *Notaires de Caen.* 1842. Armes. Octog. Jeton. Arg. TB.

351 *Arquebusiers de Provins.* 1842. Octog. Jeton. Arg. TB.

352 *Fête des exposants.* 1844. Buste du roi en bourgeois à dr.
℞. Lég. en 12 lignes. Arg. 52⅚. TB.

353 *Agrandissement du port de Marseille.* 1844. Tête du roi
à g. ℞. Vue du port. Br. 68⅚. TB.

354 *Agrandissement du port du Hâvre.* 1844. Même droit.
℞. Vue du port. Br. 68⅚. TB.

355 *La Rouennaise.* Incendie. Jeton. 1844. Armes de Rouen
(Gauvin. 260). Octog. Jeton. Arg. TB.

356 *Cⁱᵉ du Haut-fourneau de Rioupéroux.* 1845. Haut-fourneau.
℞. Femme debout. Octog. Jeton. Arg. TB.

357 *Sᵗᵉ du canal Zola à Aix.* 1846. Nymphe assise devant un
aqueduc. Octog. Jeton. Br. TB.

358 *Canal d'Aix à la Bassée.* Tête à dr. Octog. Jeton. Arg. TB.

359 *Chambre de Commerce de Marseille.* Tête à g. Signée BARRE.
Octog. Jeton. Arg. TB.

360 — Variété; la tête signée DUBOIS. Octog. Arg. TB.

361 *Sᵗᵉ de tir de Compiègne.* 1846. Armes. Octog. Jeton.
Arg. TB.

362 *Chambre des Députés.* 1847. Tête à g. Arg. 52⅚. TB.

363 *Chambre des Pairs.* Même tête à dr. ℞. CHAMBRE DES PAIRS
dans une couronne. Arg. 56⅚. TB.

364 *Mademoiselle Mars.* 1847. Son buste à dr. ℞. ʜᴏᴍᴍᴀɢᴇ ᴀᴜ
ᴛᴀʟᴇɴᴛ dans une couronne. Br. 51 $\frac{m}{m}$. TB.

365 *Mont-de-piété de Rouen.* 1847. Tête laurée de Napoléon I à
g. Octog. Jeton. Arg. TB.

366 **2ᵐᵉ République.** 1848. *Liberté et Religion.* Homme portant
la croix. Etain. 89 $\frac{m}{m}$. TB.

367 *Les 3 budgets.* Mouton et ciseaux. Etain. 71 $\frac{m}{m}$. TB.

368 *Napoléon I et Louis-Napoléon.* Pièce satirique. Etain.
71 $\frac{m}{m}$. TB.

369 *Le père Duchêne* montant la garde. Etain. 70 $\frac{m}{m}$. TB.

370 *Elections du Nord.* Noms des 28 Représentants. Etain.
70 $\frac{m}{m}$. TB.

371 *Raspail.* Buste de face. ℞. Son discours du 14 mai. Etain.
45 $\frac{m}{m}$. TB.

372 Pièces populaires de Raspail. Br. et étain. — Ens. 3 p. TB.

373 *Bellart d'Ambricourt,* de Sᵗ-Omer, élu du Pas-de-Calais.
Etain bronzé. 38 $\frac{m}{m}$. TB.

374 *Cavaignac.* Buste à g. et autres pièces populaires. Etain. —
Ens. 5 p. TB.

375 *Forges d'Alais.* 5 francs. *Minières de la Côte-Rouge.* 5 et
2 francs. *Pont de Montront. Carrières de Petit-Bourg...*
etc. *Médailles populaires* diverses. — Ens. 27 p. variées.
Cuivre et étain. TB.

376 *Chambre de Commerce de Caen.* 1848. L'Agriculture et
Mercure. Octog. Jeton. Arg. TB.

377 *Le Nord.* Assurances Incendie. 1849. Tête de République
à g. (G. 324). Octog. Jeton. Arg. TB.

378 *Sᵗᵉ des Amis des Arts de Lyon.* 1849. Quatre médaillons
avec têtes de Ph. de L'Orme, N. Coustou, J. Stella et
G. Audran. Br. 81 $\frac{m}{m}$. TB.

379 *Désolation dans les caves* du champenois Jacquesson. 1850.
Etain. 75 $\frac{m}{m}$. TB.

380 *Entrée du général Léon Faucher à Reims.* 1851. Pièce satirique. Etain. 78 $\frac{m}{m}$. TB.

381 *Notaires de Vassy.* 1851. Balance et Table. Octog. Jeton.
Arg. TB.

382 **Napoléon III.** *Refonte des monnaies de bronze.* 1852. Tête
nue à g. ℞. Deux personnages allégoriques devant une
presse monétaire. C. doré. 67 $\frac{m}{m}$. TB.

383 *Chambre des Députés*. 1854. Même tête à g. ℞. CORPS LÉGIS-
LATIF. SESSION DE 1854. Couronne renfermant : LE Cᵀᴱ DE
CHAMPAGNY (MORBIHAN). Arg. 50ᵐ. TB.

384 *Commission des Beaux-Arts*. Même tête. ℞. Armes de
Paris entourées de 4 amours. Arg. 40ᵐ. TB.

385 *Notaires d'Amiens*. 1854. Balance et Table. Octog. Jeton.
Arg. TB.

386 *Baptême du Prince Impérial*. 1856. Napoléon III présentant
l'enfant à côté d'Eugénie. ℞. A L'EMPEREUR dans une gloire
dont les rayons alternent avec des noms de villes.
Br. 69ᵐ. TB.

387 *Notaires de Bourges*. Tête nue à g. Octog. Jeton. Arg. TB.

388 *Notaires de Châteaudun*. Même tête. Octog. Jeton. Arg. TB.

389 *Notaires de Pontoise*. Tête nue à dr. ℞. Balance et Table de
la Loi. Octog. Jeton. Arg. TB.

390 *Notaires de Péronne*. 1858. Balance et Tables de la Loi.
Octog. Jeton. Arg. TB.

391 *Notaires d'Avallon*. 1858. SCIRE LEGEM, COLERE JUSTITIAM.
Gnomon. Octog. Jeton. Arg. TB. Rare.

392 *Chambre de Commerce de Toulouse*. Même tête. ℞. Caducée.
Octog. Jeton. Arg. TB.

393 *Annexion de la Savoie et de Nice*. 1860. Tête laurée à g.
℞. La France ouvrant ses bras aux 2 Provinces. Br.
doré. 73ᵐ. TB.

394 *Sᵗᵉ industrielle d'Amiens*. 1861. Armes d'Amiens, Abbe-
ville, Péronne, Montdidier, Doullens. Jeton. Arg. TB.

395 *Chambre de Commerce d'Elbeuf*. 1861. Ruche. Jeton.
Arg. TB.

396 *Pleyel*. 1861. Tête à g. ℞. Le Génie de la musique planant
au-dessus d'un piano à queue. Arg. 50ᵐ. TB.

397 *Le Prince Impérial*. 1863. Tête à g. Br. 45ᵐ. — Tête de
Napoléon III à g. ℞. Buste d'Eugénie à dr. Br. 52ᵐ. —
Ens. 2 p. TB.

398 *Tribunal de Commerce*. 1865. Tête laurée à g. ℞. Façade
du Tribunal de commerce. Br. 75ᵐ. TB.

399 *Chemin-de-fer de Vassy à St-Dizier*. 1865. Deux écus.
Jeton. Arg. TB.

400 *Notaires de Lille*. 1865. La Justice debout à g. Octog. Jeton.
Arg. TB.

401 *Société d'Ourscamp.* 1865. Ours dans un camp. Octog. Jeton. Arg. TB.

402 *Corps législatif.* 1866. Tête laurée à dr. ℞. Celui du N° 383 avec 1866. Arg. 51 $\frac{m}{m}$. TB.

403 *Assistance judiciaire de la Seine-Inférieure.* Octog. Jeton. Arg. TB.

404 *Arquebuse de Soissons.* 1866. Octog. Jeton. Arg. TB.

405 *Choléra.* Tête laurée à dr. ℞. GOUVERNEMENT GÉNÉRAL DE L'ALGÉRIE. Dans une couronne : A MR DOUCET CURÉ DE MOUZAÏAVILLE. CHOLÉRA. 1867. Arg. 5o $\frac{m}{m}$. TB.

406 *Exposition universelle.* 1867. Buste lauré en uniforme à g. ℞. Groupe allégorique planant au-dessus du Palais de l'Exposition. Br. doré. 78 $\frac{m}{m}$. TB.

407 **3me République.** *Garibaldi.* 1871. Médailles pour la bataille de Dijon. 2 variétés. — Petite méd. populaire. Cuivre.— Ens. 3 p. TB.

408 *Château-Thierry.* 1872. Tir Jean de La Fontaine. Octog. Arg. TB.

409 *Caisse d'épargne de Beaugency.* 1874. Octog. Jeton. Arg. TB.

410 *Caisse d'épargne de Réalmont.* 1879. Octog. Jeton. Arg. TB.

411 *Château de Romont.* 1879. Pigeon voyageur. Arg. TB.

412 *Caisse d'épargne de Montauban.* 1882. Jeton. Arg. TB.

413 *Caisse d'épargne de Sancerre.* Jeton. Arg. TB.

414 *S^{té} de la forêt de Belesta.* 1883. Châlet dans une forêt de sapins. Jeton. Arg. TB.

415 *Tribunal de Commerce de la Seine.* SVVM CVIQVE. Tête de femme couronnée à dr. ℞. Inscriptions. Au centre, en creux : MR SAVOY (JEAN CLAUDE) JUGE. 1884. Arg. 57 $\frac{m}{m}$. TB.

416 *Notaires de St Étienne.* 1886. Armes. ℞. Gnomon. Jeton. Arg. TB.

417 *Caisse d'escompte de Lyon.* 1889. Buste de Minerve à g. Jeton. Arg. TB.

418 *Assainissement de Marseille.* 1891. Armes de la ville sur des emblèmes. Br. 57 $\frac{m}{m}$. TB.

419 *Avoués du Hâvre.* 1894. Armes. ℞. La Justice assise à g. Octog. Jeton. Arg. TB.

420 *Caisse d'épargne de Bernay.* 1895. Octog. Jeton. Arg. TB.

421 *Caisse d'épargne de Limoges.* Laboureur et semeur. Arg. TB.

422 *Notaires d'Aix* (Bouches-du-Rhône). Mains jointes. Octog. Jeton. Arg. TB.

423 *Notaires de Beauvais*. Mains jointes. ℞. La Loi assise à g. Octog. Jeton. Arg. TB.

424 *Notaires de Blaye*. La Justice assise de face. Octog. Jeton. Arg. TB.

425 La Justice marchant à dr. Octog. Jeton. Arg. TB.

426 *Notaires de Montdidier*. Buste de Pallas à dr. ℞. Armes. Jeton. Arg. TB.

427 *Notaires de Vendôme*. Légende. ℞. Lampe. Octog. Jeton. Arg. TB.

428 *Conseil municipal de Lyon*. Tête tourelée à dr. ℞. Lion. Arg. 39%. TB.

429 *Les 18 Conseillers du Commerce de Lyon.* Femme déployant des étoffes de soie. ℞. Lion. Jeton. Arg. TB.

430 *Chambre de Commerce de Bourges.* Jeton à six pans. Arg. TB.

431 *Sté des canaux de Bourgogne et d'Arles à Bouc.* Emblèmes. Octog. Jeton. Arg. TB.

432 *Syndicat de la rivière de Selle.* Tête de République à g. Octog. Jeton. Arg. TB.

433 *Syndicat des transatlantiques de Dunkerque.* Armes portées par un chevalier marin. Octog. Jeton. Arg. TB.

434 *Conseil des Prudhommes de Paris.* Tête de République à g. ℞. Femme près d'un rouet. Inscription en creux : Mʀ BLASSET. etc., 1899. Arg. 50%. TB.

435 *Chambre de Commerce de Dieppe.* 1907. Naïades sur les flots devant une femme assise à dr., regardant le port. Arg. 40%. TB.

436 **Médailles de Roty.** *Canal de Suez.* 1869. Femme présentant une urne à la Paix assise à g., élevant un flambeau. ℞. Branche de chêne au-dessus du sphinx. Br. 60%. Très belle.

437 Même sujet inversé. ℞. LE 17 NOVEMBRE 1869. LE CANAL MARI-TIME A ÉTÉ OUVERT A LA GRANDE NAVIGATION. en 7 lignes. Arg. 41%. Très belle.

438 *Chambre de Commerce de St Nazaire.* 1879. Vénus-Astarté assise à dr. au bord de la mer. ℞. Vue du port. Grand jeton Octog. Arg. Très beau.

439 *Académie de Lyon*. 1879. Génie offrant des lauriers au buste
de Jean Chazière. Br. argenté. 62/42%. Très belle plaquette, épreuve d'auteur.

440 *Canal de Panama*. 1880. La Fortune réunissant les deux
Océans. Arg. 34%. TB.

441 *Léon Gambetta*. 1882. Buste à g. ℞. Branches de chêne et
laurier. Br. 68%. TB.

442 *Enseignement secondaire des jeunes filles*. 1884. La République assise à côté d'une élève. ℞. Corbeille. Arg. 67%.
Très belle.

443 *Henry Bouley*, président de l'Académie des sciences.
1884-1885. Buste à dr. ℞. Femme soignant une brebis;
au bas, serpent et miroir. Br. 65%. Très belle.

444 *Maison d'éducation d'Auberive*. 1885. Jeunes filles travail-
lant dans un jardin. ℞. La Loi remettant une jeune fille
à sa tutrice. Br. argenté. 45%. Très belle.

445 *Union franco-américaine*. 1886. Buste de Bartholdi à g.
dans un médaillon. ℞. La République dans une nef, en
face de la France et de l'Amérique ; dans le fond, la statue
de la Liberté. Arg. 68%. Très belle.

446 *Louis Pasteur*. Son buste à g. ℞. INSTITVT PASTEVR MDCCCXXXVIII.
Branche de laurier. Arg. 36%. TB.

447 *École française d'Athènes*. 1891. La Science assise à g.
parmi des ruines. ℞. Vue de l'Acropole, du Panthéon et
de l'Ecole. Arg. 60%. TB.

448 *L.-A. Collin*. Buste à g. ℞. Deux femmes près d'une
enclume, dans un atelier. Plaquette. Br. argenté. 59/43%.
Très belle.

449 *Jubilé de Pasteur*. 1892. Son buste à g. ℞. Un rosier. Très
belle plaquette. Br. argenté. 67/48%.

450 *Instruction primaire*. 1892-93. Femme assise à dr., instrui-
sant deux enfants. Br. argenté. 50%. Très belle.

451 *Exposition de Chicago*. 1893. Section française. Emblèmes
sur des lauriers. — La Patrie accueillant le Génie triom-
phant. Très belle plaquette en deux pièces. Br. argenté.
49/52%.

452 *Concours de Saulzais-le-Potier*. 1894. Tête de République
à g. Arg. 36%. TB.

453 *Funérailles de Sadi Carnot.* 1894. La Patrie en deuil devant
le lit de mort. ℞. Pleureuses portant le cercueil au Panthéon. Plaquette. Arg. doré. 79/56 ‰. Très belle.

454 *S^{té} d'Agriculture d'Avranches.* 1894. Tête de République
à g. ℞. Guirlande champêtre. Arg. doré. 41 ‰. TB.

455 *Patria non immemor.* 1895. Tête laurée et voilée à g.
℞. Coq. Br. argenté. 36 ‰. TB.

456 *Actes de dévouement.* 1896. Tête de République laurée à g.
Arg. 26 ‰ et anneau. TB.

457 *Agents de change.* 1898. Jeton. Arg. 37 ‰. TB.

458 *Exposition de 1900.* Génie enlevant son flambeau à une
femme représentant le siècle écoulé. Plaquette. Br.
argenté. 35/50 ‰. TB.

459 *Commissions d'hygiène et de salubrité.* Vue de la Préfec-
ture de police. Jeton. Arg. TB.

460 *Médaille de tir.* Même droit. ℞. La France récompensant
deux tireurs. Arg. 50 ‰. TB.

461 La même pièce. Br. 50 ‰. TB.

462 Même droit. ℞. PRIX OFFERT PAR LE MINISTRE dans une couronne de laurier et de chêne. Arg. doré. 51 ‰. TB.

463 La même pièce d'un module inférieur. Arg. 35 ‰. TB.

464 *Médaille des pompiers.* Scène de sauvetage. Br. 58 ‰. TB.

465 *L'Art appliqué à l'industrie.* Vulcain soumettant son travail à Minerve. Br. 80 ‰. TB.

466 *La Bastille.* Tête de République à g. ℞. Vue de la Bastille
en 1789. Arg. 50 ‰. TB.

467 *Chambre de Commerce de Paris.* Femme assise à g., dérou-
lant des plans. ℞. Vue de Paris. Arg. 50 ‰. Très belle.

468 *Chambre de Commerce de Lyon.* Caducée et branche de
laurier. ℞. Génie nu assis à dr., dévidant de la soie. Grand
jeton octog. Arg. Très beau.

469 Femme personnifiant le Commerce assise à g. en vue de
Lyon. ℞. Le précédent. Br. 50 ‰. Très belle.

470 *L'Amour console l'humanité.* L'Amour assis sur les genoux
d'une femme accroupie. ℞. Drapeau sur des lauriers.
Ovale. Arg. 28/25 ‰ et bélière. TB.

471 *Maternité.* Femme assise à dr., un enfant sur ses genoux,
dans une guirlande de fleurs. Uniface. Arg. 28 ‰. TB.

472 **Louis Bottée.** *Le port de Calais.* 1889. La France, debout
derrière la ville de Calais personnifiée, assise à g., lui
montre le port. Br. 71 ፵. TB.

473 **Coudray.** *Ecole coloniale.* La France encourageant un
Annamite. ℞. Paysage d'Extrême-Orient. Br. 67 ፵. TB.

474 **C. Devreese.** *Conseil communal de Tournai.* 1904. Artiste
achevant un vase. Plaquette. Arg. 44/28 ፵. Très belle.

475 **Alphée Dubois.** *Henri Milne Edwards.* 1880. Buste à g.
Br. 67 ፵. TB.

476 *Camille Flammarion.* 1900. Buste à dr. ℞. société astro-
nomique de france. La Nuit planant dans un ciel étoilé.
Br. 68 ፵. TB.

477 **Daniel Dupuis.** *Emprunt pour la libération du territoire.*
1871. Mercure vide une corne d'abondance aux pieds de la
France et de la République. ℞. a. thiers. etc. Br. 71 ፵. TB.

478 **Lefebvre.** *Chambre de Commerce de Lille.* Philippe de
Girard assis à g. sur un banc. ℞. Vue du monument.
Arg. 46 ፵. TB.

479 **Patey.** *Sté de tir de Lyon.* 1872. La Gallia assise à g. ℞. Lion
au-dessus d'un cartouche. Arg. 45 ፵. TB.

480 *Le sculpteur Barye.* 1875. Buste de trois-quarts à g. ℞.
Lion et serpent. Br. 68 ፵. TB.

481 *Caisse d'épargne de Nevers.* Ouvrier apportant ses écono-
mies à la Prévoyance. ℞. Vue de la ville. Arg. 40 ፵. TB.

482 **Ponscarme.** *Jules Méline.* 1892. Tête à dr. ℞. Groupe de
l'Agriculture et l'Industrie. Br. 68 ፵. TB.

483 **Theunissen.** *Chambre de Commerce de Valenciennes.* 1897.
Ouvriers au travail. ℞. Produits industriels. Plaquette
rectangulaire à pans coupés. Arg. 32/40 ፵. TB.

484 **Vernier.** *Pierre Curie.* 1859-1906. Buste à dr. Plaquette
uniface. Br. 75/53 ፵. Très belle.

485 **Vernon.** *Congrès de médecine.* 1900. Vue de Paris. ℞. La
Science attisant sa lampe. Plaquette. Arg. 38/21 ፵. TB.

486 *Assignats* de 10 livres (Loi du 16 décembre 1791). 79 pièces
des séries 54 à 1980. — 10 sols (Loi du 4 janvier 1792).
357 pièces des séries 4 à 2000. — 15 sols (même loi).
690 pièces des séries 3 à 1995. — 25 sols (même loi).
950 pièces des séries 1 à 1936. Liasse de 306 feuillets renfermant 2076 pièces.

487 Assignats de 10 sous (Loi du 24 octobre 1792). 320 pièces
   des séries 911 à 2000. — Assignats de 50 sols (Loi du
   4 janvier 1792). 473 pièces des séries 25 à 997. — Assignats de 15 sols (Loi du 24 octobre 1792). 817 pièces des
   séries 50 à 1997. Liasse de 255 feuillets renfermant
   1610 pièces.

488 Assignats de 10 livres (Loi du 24 octobre 1792). 603 pièces
   des séries 250 à 15656. — Assignats de 10 sous (Loi du
   23 mai 1793). 238 pièces des séries 6 à 1623. — Assignats
   de 15 sols (même loi). 509 pièces des séries 1 à 1030.
   Liasse de 336 feuillets renfermant 1350 pièces.

489 Assignats de 50 sols (Loi du 23 mai 1793). 1458 pièces des
   séries 3 à 3842. Liasse de 243 feuillets.

490 Assignats de 25 livres (Loi du 6 juin 1793). 601 pièces des
   séries 3 à 4419. — Assignats de 5 livres (Loi du 10 bru-
   maire an 2). 2184 pièces des séries 206 à 30171. Liasse de
   474 feuillets renfermant 2785 pièces.

491 *Médaillier* acajou, renfermant 20 tablettes garnies de leurs
   cartons. Hauteur, 40% ; largeur, 44% ; profondeur, 22%.

492 Boîte en acajou. Hauteur, 9% ; largeur, 36% ; profondeur,
   25%. Et un lot de 14 cartons.